클릭,

세상을
바꾸는
통신

통합교과 시리즈 참 잘했어요 **사회 ❹**

클릭, 세상을 바꾸는 통신

ⓒ 글 박영란, 2014

1판 1쇄 발행 2014년 2월 17일 | **1판 4쇄 발행** 2022년 2월 25일

글 박영란 | **그림** 단별 | **감수** 초등교사모임

펴낸이 권준구 | **펴낸곳** (주)지학사

본부장 황홍규 | **편집장** 윤소현 | **팀장** 문지연 김지영 | **편집** 양선화 박보영 이인선 김승주

디자인 최지윤 | **제작** 김현정 이진형 강석준 방연주 | **마케팅** 송성만 손정빈 윤술옥 이혜인

등록 2010년 1월 29일(제313-2010-24호) | **주소** 서울시 마포구 신촌로6길 5

전화 02.330.5263 | **팩스** 02.3141.4488 | **이메일** arbolbooks@jihak.co.kr

ISBN 978-89-94700-85-4 74300

ISBN 978-89-94700-68-7 74300(세트)

잘못된 책은 구입하신 곳에서 바꿔 드립니다.

 제조국 대한민국　**사용연령** 8세 이상

KC마크는 이 제품이 공통안전기준에 적합하였음을 의미합니다.

클릭, 세상을 바꾸는 통신

글 **박영란** | 그림 **단별** | 감수 **초등교사모임**

지학사아르볼

펴냄 글

사회는 왜 어려울까?

1. 역사·경제·지리·문화·정치 등 공부해야 할 범위가 넓다.

2. 책이나 교과서를 볼 땐 이해할 것 같다가도 돌아서면 헷갈린다.

3. 사회 교과를 공부하기 위해 꼭 알아야 할 단어가 너무 어렵다.

4. 사회 공부 책은 글만 빽빽이 많아서 지루하다.

사회 공부, 쉽게 하려면 통합교과 시리즈를 펼치자!

통합교과란?

■ 서로 다른 교과를 주제나 활동 중심으로 엮은 새로운 개념의 교과

■ 하나의 주제를 **개념·역사·경제·사회·과학·수학·인물** 등
다양한 교과 영역에서 접근해 정보 전달 효과를 높임

■ 문이과 통합 교육 과정에 안성맞춤

이런 학생들에게 통합교과 시리즈를 추천합니다!

사회 교과를 처음 배우는 초등학교 **3학년**

사회가 지겹고 어렵게 느껴지는 **4학년**

개념
개념을 알아야
주제가 보인다!
개념 완벽 정리

역사
동화·만화·인터뷰 등
재미있게 풀어낸
이야기를 읽다 보면
역사 지식이
머릿속에 쏙!

인물
한 분야를 대표하는
위대한 인물의
리더십과 창의력을
배운다!

**통합교과
시리즈**

과학
일상생활 속에 담긴
과학 원리를 찾자!

사회
정치·경제·지리 등
사회 과목을 세부적으로
파고들어 주제에 대한
이해를 높인다!

체험
글로만 배우는
사회는 그만! 체험을
통해 책에서 얻은
지식을 진짜 내 것으로
만들자!

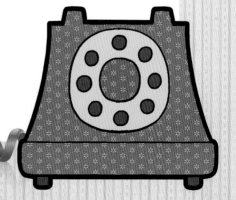

아차차 박사

모르는 게 없는 똑똑한 과학 박사지만, 사소한 걸 깜빡하는 경우가 많다. "아차차 잊어버렸다!"는 말을 많이 해서 '아차차 박사'라는 이름이 붙었다. 〈무엇이든 다 해결해 주는 탐정 사무소〉라는 인터넷 사이트를 운영하고 있다.

해솔

초등학교 4학년. 다솔이와 쌍둥이 남매다. 다솔이보다 3분 먼저 태어났지만 훨씬 어른스럽고 의젓하다. 호기심이 많아 〈무엇이든 다 해결해 주는 탐정 사무소〉를 자주 방문해 질문을 올렸다.

다솔

해솔이의 쌍둥이 남매. 덜렁대고 실수를 많이 하지만, 공부든 운동이든 한번 빠져들면 좋은 결과가 나올 때까지 노력하는 편이다. 겨울 방학 때부터 해솔이와 〈무엇이든 다 해결해 주는 탐정 사무소〉의 조수가 되어 아차차 박사와 함께 사건을 해결한다.

수화도 통신인가요?

"박사님, 안녕하세요!"

"아! 이제 오는군. 기다리고 있었어. 블로그에 사건 의뢰가 들어와 있으니, 읽어 보렴."

토요일 아침, 아차차 박사님이 연구실에 들어서는 해솔이와 다솔이를 반기며 말씀하셨어요.

늘 아차차 잊어버렸다, 아차차 못 했다는 말을 많이 해서 해솔이와 다솔이는 박사님을 아차차 박사님이라고 불러요. 아차차 박사님의 말에 다솔이는 재빨리 〈무엇이든 다 해결해 주는 탐정 사무소〉에 접속했지요.

〈무엇이든 다 해결해 주는 탐정 사무소〉는 아차차 박사님이 운영하는 인터넷 사이트예요. 사람들이 사건 의뢰, 즉 궁금한 점을 물어보면 그 문제를 해결해 주는 온라인 탐정 사무소지요. 어른 아이 할 것 없이 요즘 그 인기가 나날이 높아지고 있답니다.

쌍둥이 남매인 해솔이와 다솔이는 〈무엇이든 다 해결해 주는 탐정 사무소〉를 즐겨 이용하곤 했어요. 그러다가 문득 아차차 박사님은 어떻게 사건을 해결하는지 궁금해졌지요. 그래서 용기를 내어 아차차 박사님께 연락을 했어요. 사건 해결을 돕는 조수가 되고 싶다고요. 둘 다 호기심이 많아 추리 소설과 탐정 만화 보는 것을 좋아했거든요.

　이렇게 3학년 겨울 방학 때부터 해솔이와 다솔이는 아차차 박사님의 조수가 되었답니다.

　"진짜 사건 의뢰다! 해솔 누나. 빨리 와 봐."

　블로그에 접속한 다솔이가 해솔이에게 손짓을 했어요. 다솔이가 3분 먼저 태어난 해솔이에게 누나라고 부를 때는 기분이 좋거나, 부탁할 일이 생겼을 때뿐이에요. 해솔이는 얼른 다솔이 쪽으로 다가갔지요.

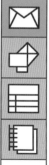

아차차 박사님, 안녕하세요. 저는 하늘 초등학교 3학년 김아람입니다.

짝꿍 설아와 이야기하다가 궁금한 게 있어서 이렇게 여쭤 봅니다.

어제, 우리는 지하철에서 수화★로 이야기하는 사람을 보았어요. 그런데 설아가 그 모습을 보더니 이렇게 말하는 거예요.

"수화는 청각 장애인들에게 좋은 통신 같아."

수화가 통신이라니! 전 아니라고 했죠. 그런데도 설아는 계속 맞다고 우기는 거예요. 통신은 휴대 전화나 무전기 같은 기계를 말하는 것 아닌가요?

궁금해요. 꼭 해결해 주세요.

★ **수화** 청각 장애인이나 언어 장애인들이 몸짓이나 손짓으로 표현하는 의사 전달 방법

글을 읽던 다솔이가 피식 웃으며 말했어요.

"에이~ 뭐야? 이게 무슨 사건 의뢰야?"

"그러게, 굉장한 것을 기대했는데 별것 아니네."

해솔이도 실망했는지 입술을 쭉 내밀었어요. 다솔이 말처럼 사건 의뢰라고 보기에는 너무 유치하다는 생각이 들었거든요. 그때, 아차차 박사님이 해솔이와 다솔이를 보며 물었어요.

"흠……. 쉬워 보인다고? 다솔아, 수화가 통신일까 아닐까?"

아차차 박사님의 말에 다솔이는 대답하려다가 고개를 갸웃거렸어요. 생각해 보니 통신이 정확히 뭔지 설명할 수가 없었거든요. 그러자 박사님이 빙그레 웃으며 말했지요.

"거봐라. 생각보다 그렇게 간단한 것은 아니지? 이번 사건은 둘이 같이 공부해서 해결해 보렴!"

"네!"

"먼저 통신이 무엇인지부터 제대로 알아야 이번 사건을 풀 수 있을 것 같구나. 자신 있지?"

해솔이와 다솔이는 입술을 꽉 깨물며 고개를 끄덕였어요. 그 모습이 무슨 대단한 일을 하는 사람처럼 보여 박사님은 슬며시 웃음이 나왔지요.

통신이 뭐예요?

통신은 사람들끼리 서로의 생각이나 느낌, 정보 등을 주고받는 것을 말해요.

通 信 = 자신의 생각이나 지식을 다른 사람과 주고받는 일
통할 통 소식 신

편지

전화 통화

이메일

문자 메시지

통신 수단은 우편, 전화, 인터넷과 같이 멀리 떨어져 있어도 서로 소식을 나누고 많은 정보를 쉽게 접할 수 있도록 도와주는 것이지요.

통신을 할 때는 반드시 필요한 세 가지가 있어요.

1. 보내는 사람   2. 받는 사람   3. 전달하는 내용

다솔이가 엄마한테 전화를 해서 오늘 피아노 학원에 가지 않아도 되냐고 묻는 상황을 생각해 보세요. 여기에서 '보내는 사람(말하는 사람)'은 다솔이고, '받는 사람(듣는 사람)'은 엄마, 그리고 '전달하는 내용'은 피아노 학원에 가고 싶지 않다는 것이지요.

손으로 이야기를 한다?! - 소리와 몸짓

사람들은 언제부터 서로의 생각이나 의견을 나누었을까요? 사람들은 지구상에 살기 시작할 때부터 통신을 하였어요. 그렇다면 아주 먼 옛날 사람들은 어떻게 서로의 생각이나 의견을 나누었을까요?

힌트! 동물원에 가서 고릴라나 침팬지들을 가만히 살펴보세요. 비록 말은 할 수 없지만 "우끼끼!" 이런 소리나 몸짓을 이용해 자신의 감정을 표현하는 것을 볼 수 있을 거예요.

사람들도 처음에는 고릴라, 침팬지처럼 간단한 소리나 몸짓으로 자신의 생각이나 감정을 다른 사람에게 전했다고 해요. 이런 소리나 몸짓도 통신 수단이라고 할 수 있답니다. 물론 오늘날처럼 완벽하지도, 정확하지도 않았지만 말이에요.

몸짓 가운데 가장 많이 쓰는 것이 바로 손짓이에요. 우리의 손은 생각보다 많은 동작을 만들어 낼 수 있어요. 특히 팔이나 얼굴, 머리 등 몸의 다른 부위와 함께 쓴다면 3,000개가 넘는 동작을 만들 수 있지요.

오늘날에도 손짓으로 서로의 생각을 전하는 사람이 있어요. 교통 경찰이나 뱃사람들은 소리를 들을 수 없거나, 말로 의견을 전할 수 없는 상황에서 손짓을 사용하지요. 이들이 쓰는 손짓을 손으로 보내는 신호라고 해서 '수(手손수)신호'라고 한답니다.

소리보다 정확히! 손짓보다 확실히! – 말

몸짓이나 간단한 소리로 자신의 생각이나 감정을 전하던 사람이
언제부터 어떻게 말(언어)을 하게 되었는지는 아무도 몰라요.
　중요한 것은 말이 생기고 난 뒤 이전보다 생각과 감정을 더 정확하
게 표현할 수 있게 되었다는 것이죠!

덕분에 맛있는 과일을 찾아내거나 좋은 사냥감을 발견하면, 이를 널리 알려 더 많은 사람들을 불러왔어요.

물론 위험한 일이 생기거나 몸을 다쳤을 때도 다른 사람의 도움을 쉽게 받을 수 있었답니다. 하지만 시간이 지나면서 사람들은 불편한 점을 느꼈어요.

그때 쓰던 말은 지금 우리가 쓰는 말처럼 다양하지 못해서, 손짓이나 몸짓, 표정 등을 같이 봐야 정확한 내용을 알 수 있었거든요.

또 눈앞에 없거나 멀리 떨어진 사람에게 말을 전하는 것이 쉽지가 않았어요. 다른 사람에게 전해 달라고 부탁을 하거나, 직접 몇 시간이고 며칠이고 걸어가서 이야기를 해야 했답니다.

슥삭슥삭, 그리고 쓰자! – 그림과 문자

그림으로 이야기하다

　눈앞에 없거나 멀리 떨어진 사람에게는 말을 할 수 없어 불편함을 느꼈던 사람들은 좋은 방법을 하나 생각해 냈어요. 그림으로 전하고 싶은 메시지를 남기는 것이지요.

　예를 들어, 사냥에서 토끼를 세 마리 잡았으면 동굴 벽이나 땅에 토끼 세 마리를 그려, 내가 토끼를 잡았다는 소식을 다른 사람에게 알리는 거예요.

　이런 그림은 옛날 동굴 벽화에 잘 나타나 있어요. 사람들은 동굴 벽에 소나 말, 노루 등의 야생 동물을 많이 그렸지요.

문자를 발명하다

말을 하고, 그림을 그리기 시작하면서 사람들은 이전보다는 편하게 통신할 수 있었어요. 하지만 말은 멀리 있는 사람에게 메시지를 전달하기 힘들고, 그림은 정보를 자세히 표현하기 힘들었지요. 사람들은 더 편하게 정보를 전할 방법이 없을까 고민했어요. 그러다 문자를 발명하게 되었답니다.

약 5,000년 전에 수메르인들이 만든 인류 최초의 문자예요. 마치 그림같이 생겼죠?

문자의 발명으로 사람들은 하고 싶은 말과 생각을 글로 쓰기 시작했어요. 덕분에 이전보다 더 정확하고 많은 정보를 전할 수 있었지요. 또 편지를 써서 멀리 떨어진 곳까지 소식을 전하고, 책을 써서 후손들에게 생활, 풍습, 전통 따위의 지식을 전달하였어요.

안녕하세요. 〈무엇이든 다 해결해 주는 탐정 사무소〉입니다. 아람 양의 궁금증을 해결해 주겠습니다.

수화는 통신보다는 **통신 수단**이라고 말하는 게 맞아요. 통신은 '사람들끼리 서로 생각이나 느낌, 정보를 주고받는 것'을 말하지요. 통신 수단은 '서로 소식을 나누고 정보를 접할 수 있도록 도와주는 것'을 말하고요. 수화는 서로 의견을 나누도록 도와주는 수단이므로, 통신 수단이랍니다.

통신 : 사람들끼리 서로의 생각이나 느낌, 정보 등을 주고받는 것

통신 수단 : 우편, 전화, 인터넷과 같이 서로 소식을 나누고 정보를 접할 수 있도록 도와주는 것

통신을 할 때 필요한 3가지

1. 보내는 사람
2. 받는 사람
3. 전달하는 내용

보내는 사람

전달하는 내용

엄마, 저 오늘은 피아노 학원에 가기 싫어요~.

받는 사람

몸짓에서 문자까지, 통신 수단 이야기

① 먼 옛날 사람들은 몸짓과 간단한 소리로 서로의 생각을 나눔

② 사람들이 말을 할 수 있게 되자 생각을 이전보다 정확하게 표현할 수 있게 되었음. 하지만 눈앞에 없거나 멀리 떨어진 사람에게 말을 전하기 불편함

③ 눈앞에 없거나 멀리 떨어져 있는 사람에게 그림으로 메시지를 표현함. 이러한 그림은 옛날 동굴 벽화에 잘 나타나 있음

④ 사람들은 더 정확하고 자세히 정보를 전하기 위해 문자를 발명함. 그리하여 편지를 써서 멀리 떨어진 곳까지 소식을 전하고, 책을 써서 후손들에게 여러 지식을 전달할 수 있게 됨

야구 심판도 손으로 말한다?!

손으로 말하는 수신호는 주변의 환경 때문에 말을 할 수 없을 때 주로 쓰여요.

수신호를 쓰는 대표적인 곳이 바로 야구장이랍니다. 야구 시합에서 심판이 "아웃!"을 외치며 한 주먹을 앞으로 뻗었다 가슴 쪽으로 빠르게 당기는 것을 볼 수 있어요. 또는 "세이프!"라고 외치며 양팔을 벌리기도 하지요. 이게 바로 수신호예요.

야구 수신호는 1888년 청각 장애를 가진 미국 프로 야구 선수 더미 호이를 위해 처음 만들어졌다고 해요. 또 운동장을 가득 메운 응원 소리를 피해서 선수들끼리 경기 상황을 잘 전달하기 위해 생겨났다는 이야기도 있지요.

스쿠버 다이빙*을 할 때도 수신호를 사용해요. 손바닥을 펴서

목을 긋는 시늉을 하면 '산소가 떨어졌다.'는 뜻이고, 귀를 가리키면 '귀가 아프다.'는 뜻이지요.

농수산물 시장에서 경매*하는 모습을 본 적 있나요? 이때 사람들이 알 수 없는 손짓을 하는데, 그 손짓도 바로 수신호랍니다.

시끄러운 시장에서 멀리 있는 사람들에게까지 정확히 메시지를 전달하기 위해서 수신호를 사용하지요. 주먹 쥔 손에서 엄지손가락을 세우면 숫자 1 또는 10을 뜻하지요. 또 손가락을 펴는 방식에 따라서 2~11까지 다양한 숫자를 나타낸답니다.

⭐ **스쿠버 다이빙** 호흡기를 지니고 잠수하는 수중 스포츠
⭐ **경매** 물건을 사려는 사람이 여럿일 때 값을 가장 높이 부르는 사람에게 파는 일

2 옛사람들은 어떻게 소식을 주고받았을까?

역사 옛날 우리나라 통신 수단

전화 없이 어떻게 연락을 해요?

"좋은 아침입니다~!"

"안녕, 해솔 양. 앗, 오늘은 왜 다솔 군이 보이지 않지?"

아차차 박사님이 인사를 건네는 해솔이를 보며 물었어요. 해솔이는 머리를 긁적이며 말했지요.

"다솔이는 감기에 걸려 집에 있어요. 오늘 못 나와서 죄송하다고 전해 달래요."

"어휴, 이런 어쩐다……."

"걱정 마세요. 약 먹었으니 금방 나을 거예요~."

아차차 박사님은 잠시 생각에 잠기더니 이윽고 결심한 듯이 해솔이를 바라보았어요.

"이제 제법 자료 조사도 잘하고, 문제 해결 능력도 있어서 오늘도 둘이 머리를 맞대고 사건을 풀어 보라고 할 생각이었는데……. 할 수 없군. 해솔 양 혼자서도 할 수 있겠나?"

"박사님, 진짜요? 저 혼자 힘으로만 해 보라고요?"

해솔이는 깜짝 놀랐어요. 오늘은 박사님과 둘이 사건을 해결할 거라

고 생각했거든요.

"아직 자신 없는데……."

해솔이가 걱정 가득한 눈빛으로 말하자, 아차차 박사님은 눈웃음을 지으며 컴퓨터 화면을 가리켰지요.

"지난번에 해 보았으니 할 수 있을 거야. 자신감을 가져! 자, 사건 의뢰가 들어왔으니, 가서 읽어 보렴."

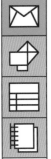

저는 돈암동에 사는 4학년 정찬기입니다.

오늘 학교에서 영화를 봤어요. 무인도에 갇힌 주인공의 이야기를 다룬 것이었죠.

영화가 끝난 뒤 선생님은 이런 과제를 내 주셨어요.

"만약 여러분이 무인도에 떨어진다면 어떻게 구조 요청을 할 것인가요? 단, 전화와 인터넷은 할 수 없어요."

말도 안 돼요. 전화와 인터넷 없이 어떻게 다른 사람에게 구해 달라고 연락할 수 있단 말이죠? 숙제가 너무 어려워서 머리를 꽁꽁 싸매고 있습니다. 도와주세요!

"엥? 전화와 인터넷 없이 구조 요청을 한다고?"

"왜, 너무 어렵나?"

사건 의뢰를 다 읽은 해솔이가 머리를 감싸며 책상에 엎드렸어요. 그리고 잠시 뒤 고개를 들고 두 손을 모아 쥔 채 아차차 박사님을 보며 말했지요.

"박사님, 조금만 도와주세요…….."

"아차차, 안 도와주려고 했는데 어쩔 수 없군. 힌트를 주지."

해솔이는 눈을 반짝이며 아차차 박사님을 쳐다보았어요. 아차차 박사님은 잠시 뜸을 들이다가 입을 열었지요.

"아주 먼 옛날에는 전화랑 인터넷이 없었어. 그렇다고 사람들이 서로 연락을 안 했을까?"

"아…… 그럼?"

"그래. 인터넷과 전화가 없던 옛날의 통신 수단에 대해서 알아보면 되지 않을까 싶은…….."

"박사님! 사건 해결하러 도서관에 좀 다녀오겠습니다!"

해솔이는 박사님 말이 끝나기도 전에 후다닥 뛰어나갔답니다.

적군이 쳐들어왔다. 불을 피워라! - 봉수

옛날 우리 조상들은 다양한 통신 수단을 이용해 소식을 전했어요. 그중 하나가 바로 **연기**와 **횃불**이에요.

갑자기 나라에 위험한 일이 생기거나, 적이 쳐들어올 때 낮에는 연기, 밤에는 횃불을 피워 급한 소식을 전했지요. 이것을 '**봉수(烽**^{횃불 봉}**燧**^{연기 수}**)**'라고 해요. 이때 횃불을 피우는 곳을 봉수대라고 하는데, 먼 곳까지 소식을 알려야 해서 봉수대는 높은 산꼭대기에 있었어요.

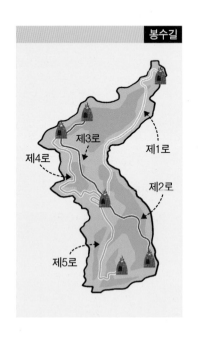

봉수길

제1로
제2로
제3로
제4로
제5로

적이 쳐들어온다!

우리나라는 가야 때부터 봉수를 이용했다는 기록이 있어요. 가야 김수로왕이 저 멀리 인도의 작은 나라인 아유타국의 공주 허황옥을 왕비로 맞이할 때였죠. 왕비가 배를 타고 항구에 도착하자, 환영 나간 신하들이 불을 피워서 이 소식을 궁궐에 알렸대요. 또 가야에서는 적이 들이닥치거나 급한 일이 일어났을 때에도 횃불로 왕에게 그 사실을 전했어요. 그 뒤 고려, 조선 시대까지 봉수는 유용한 통신 수단으로 쓰였지요.

조선 시대 세종 임금 때 봉수는 국가 제도로 정해졌어요. 조선 시대에는 봉수대를 전국 곳곳에 620여 개나 두었다고 해요.

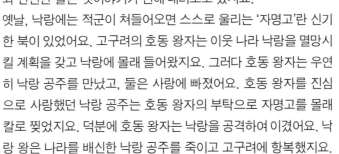

둥둥둥, 적이 나타났다!

날씨가 안 좋아서 횃불로 소식을 전하기 힘들 때나 전쟁터처럼 주변이 시끄러워 말로 명령을 내리기 힘들 때는 북을 쳐서 소식을 알리기도 했어요. 그런데 이와 관련한 슬픈 옛이야기가 전해 내려오고 있지요.

옛날, 낙랑에는 적군이 쳐들어오면 스스로 울리는 '자명고'란 신기한 북이 있었어요. 고구려의 호동 왕자는 이웃 나라 낙랑을 멸망시킬 계획을 갖고 낙랑에 몰래 들어왔지요. 그러다 호동 왕자는 우연히 낙랑 공주를 만났고, 둘은 사랑에 빠졌어요. 호동 왕자를 진심으로 사랑했던 낙랑 공주는 호동 왕자의 부탁으로 자명고를 몰래 칼로 찢었지요. 덕분에 호동 왕자는 낙랑을 공격하여 이겼어요. 낙랑 왕은 나라를 배신한 낙랑 공주를 죽이고 고구려에 항복했지요. 호동 왕자는 낙랑 공주의 죽음을 알고 매우 슬퍼했답니다.

공격! 연을 띄워라! – 신호연

"에헤야디야 바람 분다, 연을 날려 보자~."

　명절놀이로 즐겨 하는 연날리기, 그런데 옛날에는 연이 중요한 통신 수단이었다는 사실을 아나요? 연은 전쟁터에서 장군이 병사들에게 명령을 내리는 수단으로 쓰였어요. 전쟁에 쓰인 연을 '신호연'이라고 불러요.

　신호연을 가장 잘 이용한 사람은 이순신 장군이었어요. 이순신 장군은 신호연으로 작전 명령을 내려 임진왜란★을 승리로 이끌었지요. 충무공★ 이순신 장군이 연에 명령을 그려 표시했다고 해서 신호연을 '충무연'이라고도 하지요. 신호연은 쉽게 눈에 띄기 위해 빨강, 파랑, 검정, 하양, 노랑 등을 사용했어요.

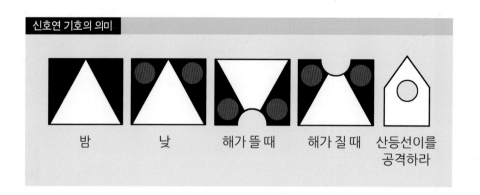

신호연 기호의 의미				
밤	낮	해가 뜰 때	해가 질 때	산등선이를 공격하라

★ **임진왜란** 1592년부터 1598년까지 조선 선조 임금 때 2차에 걸쳐서 우리나라를 침입한 일본과의 싸움
★ **충무공** 나라에 공을 세워 죽은 뒤 '충무'라는 이름을 받은 사람을 높여 이르는 말

이랴! 더 빨리 달려라! – 파발

"장군님, 파발이 왔습니다!"

사람이 직접 달려가거나 말을 타고 가서 나랏일에 대한 소식을 전하는 것을 **파발**이라고 해요. 파발은 조선 시대에 중요한 통신 수단이었어요. 처음에는 군사 소식을 전할 때만 사용되다가, 점차 임금의 명령을 지방에 전달하거나 지방에서 일어난 위급한 일을 임금에게 보고하는 수단으로 널리 쓰이게 되었지요.

파발은 사람이 직접 가서 소식을 전하기 때문에 봉수보다는 훨씬 정확하게 정보를 전하고, 비밀도 지킬 수 있었어요. 하지만 지친 말을 새로운 말로 바꾸는 곳인 '역참'을 꾸려 나가기 위해 돈이 많이 들었고, 봉수보다 속도가 느리다는 단점이 있었지요.

파발 제도는 크게 보발과 기발로 나뉘어요.

 보발(步걸음 보 **撥**다스릴 발**)** : 사람이 달려가 소식을 전하는 것으로 보통 30리★마다 역참을 두어 보발꾼을 바꾸었어요.

 기발(騎말탈 기 **撥**다스릴 발**)** : 말을 타고 가서 소식을 전달하는 것으로 25리마다 역참을 두어 말을 바꾸었어요. 옛날에는 말이 귀해서 기발보다는 보발이 널리 쓰였답니다.

여기서 잠깐! – 역참

보발꾼이 쉬어 가거나, 기발꾼이 지친 말을 새로운 말로 바꾸기 위해 만들어 놓은 곳이 역참이에요.

서울 은평구의 역촌동이나 강남구의 역삼동, 경기도 부천의 역곡동 등 우리나라 곳곳에 '역'이 들어간 동네 이름이 많아요. 이런 곳은 대부분 옛날에 역참이 있던 자리랍니다.

★**리** 거리의 단위. 1리는 약 0.4킬로미터

말을 타고 가니 역시 빨라!

기발

편지요, 편지 왔습니다!

　봉수와 북, 신호연, 파발은 모두 나랏일에 필요한 통신 수단이었어요. 그렇다면 일반 사람들은 어떻게 소식을 주고받았을까요? 양반들은 하인을 시켜서 직접 편지를 보냈고, 물건은 짐꾼이 지게에 지고 가서 전하게 했어요. 백성들이 우편을 보내는 일은 거의 없었지요.

우리나라 최초의 우체국, 우정총국

　1884년, 우리나라에 최초의 우체국인 우정총국이 만들어졌어요. 하지만 안타깝게도 20여 일 만에 문을 닫고 말았지요.

　우정총국이 생기는 것을 축하하는 파티에서 박영효, 김옥균 등이 갑신정변*을 일으켰기 때문이에요. 그러나 갑신정변은 실패했고, 고종 임금은 우편 업무를 중단시켰지요. 그로부터 10여 년 뒤인 1895년에야 우편 업무가 다시 시작되었어요.

　우여곡절 끝에 근대 우편 제도가 실시되면서 백성들도 소식을 주고받을 수 있게 되었지요.

우정총국

★ **갑신정변** 1884년(갑신년) 김옥균·박영효·홍영식 등이 새로운 문물을 받아들이자고 주장하며 일으킨 정변. 정변은 옳지 않은 방법으로 권력을 차지하는 것을 말함

옛날 우편집배원, 체전부

　체전부는 옛날 우편집배원을 부르던 말이에요. 체전부는 단순히 편지만 전하는 것이 아니라 논밭일을 하는 사람들에게 점심을 날라다 주고, 일을 돕기도 했으며, 우는 아이를 달래 주기도 했대요. 또 글을 읽지 못하는 사람들을 위해서 편지 내용을 대신 읽어 주기도 했지요.

41

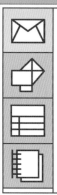

찬기 군, 반갑습니다. 의뢰하신 사건의 답변입니다.

무인도에 떨어진다면, 전화와 인터넷을 사용할 수 없으므로 옛날 통신 수단 방법을 참고하면 좋을 것 같습니다.

옛날 통신 수단

나라에 위험한 일이 생겼을 때 낮에는 연기로, 밤에는 횃불로 소식을 알림

전쟁터에서 장군이 병사들에게 명령을 내리는 통신 수단으로 연을 날림

사람이 직접 달려가거나 말을 타고 가서 나랏일에 대한 소식을 전함

파발의 종류

보발 - 사람이 직접 가서 소식을 전하는 것

기발 - 말을 타고 가서 소식을 전하는 것

1884년 최초의 우체국인 우정총국이 생긴 뒤 근대 우편 제도가 실시되면서 백성들도 서로 소식을 주고받을 수 있게 됨. 이때 우편물을 전달하던 우편집배원을 '체전부'라고 함

무인도에 떨어진다면 연기를 피우거나 연을 날려서 구조 신호를 보내세요.

동물들의 통신 수단

동물들도 자기들만의 통신 수단이 있다는 사실, 아나요?

**꼬리를 살랑살랑
흔드는 개와 고양이**

개가 꼬리를 흔드는 것은 반갑다는 표현이지만 고양이가 꼬리를 흔드는 것은 공격을 하겠다는 의미예요.

안녕!
반가워~.
우리 친하게
지내자.

헉! 뭐야?
날 겁주는
거야?

**춤으로 말하는
꿀벌**

꿀벌은 꿀을 찾으면 동료들에게 원을 그리거나, 꼬리를 흔들며 8자 춤을 추면서 꿀의 위치를 말해 줘요.

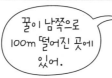

꿀이 남쪽으로
100m 떨어진 곳에
있어.

알았어.
그리로
날아갈게.

초음파로 대화하는 돌고래 돌고래는 초음파를 사용하여 다른 돌고래들과 이야기를 나누지요.

네 엄마가 널 찾던데…….

그래? 어서 가야겠다.

페로몬과 더듬이로 대화하는 개미 개미는 페로몬으로 서로 의사소통을 해요. 페로몬이란 몸에서 나오는 독특한 냄새를 말하지요. 또 개미들은 서로 더듬이를 맞대고 톡톡 치면서 동료들과 대화를 하기도 한답니다.

넌 우리 편이 맞니?

맞아! 왜 의심을 하고 그래.

3 통신, 세상을 이어 주다!

과학 과학 기술로 발전한 통신 수단

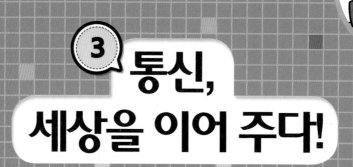

알쏭달쏭 암호를 풀어 주세요!

"박사님! 박사님!"

토요일 오후, 다솔이가 연구실에 들어서며 다짜고짜 아차차 박사님을 찾았어요. 아차차 박사님은 뛰어오느라 헉헉 숨을 몰아쉬는 다솔이를 보며 고개를 갸우뚱했지요.

"다솔 군, 무슨 일인가?"

"박사님! 이번에 사건 의뢰가 들어오면 저 혼자 해결할 수 있게 해 주세요."

다솔이는 간절한 표정으로 박사님을 보며 말했어요. 아차차 박사님은 이렇게 진지한 다솔이의 모습을 처음 보았지요.

"왜 그래야 하지?"

"음, 그건······."

아차차 박사님은 싱글거리며 다솔이를 쳐다보았어요. 다솔이는 잠시 동안 머뭇거리더니 다시 차분한 목소리로 말을 했지요.

"저기······ 좀 유치하다고 생각될 수도 있지만, 지난번에 해솔 누나 혼자 사건을 해결하게 해 주셨잖아요. 저에게도 똑같이 기회를 주셔야

한다고 생각합니다."

　말을 마친 뒤 부끄러운지 다솔이의 얼굴이 붉어졌어요. 쉼 없이 말하는 다솔이 모습 때문에 아차차 박사님은 웃음이 나왔지요. 하지만 아차차 박사님도 다솔이의 말이 틀리다고는 생각하지 않았답니다.

　"좋아. 이번 사건은 다솔 군 혼자 해결해 봐. 그렇지 않아도 방금 사건이 하나 들어왔으니 사이트에 접속해 보렴."

안녕하세요. 저는 초등학교 5학년 공영미입니다.

이건 비밀인데요, 사실 저는 우리 반 강민구라는 아이를 좋아해요. 그래서 며칠 전 용기를 내어 민구에게 고백을 했죠. 민구는 별다른 대답을 하지 않았어요. 그런데 어제 민구한테 문자 메시지가 온 거예요. 저는 얼른 메시지를 확인해 보았지요.

그런데 민구가 이런 메시지를 보내지 않았겠어요?

$$\bullet\bullet\text{---}\bullet\bullet \quad \text{---}\bullet\bullet\bullet\bullet \quad \bullet\bullet\text{---}\bullet$$

$$\bullet\text{---}\bullet\bullet \quad \bullet\text{---}\bullet\text{---} \quad \text{---}\bullet\bullet\text{---}\text{---} \quad \text{---}\bullet\bullet$$

아니, 이게 도대체 무슨 뜻인가요?

하루 종일 고민해 보았지만 도저히 모르겠어요. 그렇다고 친구들에게 물어보기도 그렇고요. 만약 이상한 내용이면 어떡해요. ㅠㅠ

이곳은 <무엇이든 다 해결해 주는 탐정 사무소>니까 이 문자 의미도 알아내 주실 수 있죠?

이게 도대체 무슨 뜻이야?

다솔이는 다소 굳은 표정으로 화면을 뚫어져라 쳐다봤어요.

"아차차, 다솔 군은 이런 암호는 처음 보겠네. 아무래도 혼자서는 무리야."

"아니에요. 할 수 있어요!"

아차차 박사님의 말에 다솔이가 자리에서 벌떡 일어나며 소리를 쳤어요. 그 바람에 의자가 뒤로 넘어지면서 아차차 박사님의 발등을 때렸죠.

"으악!"

"헉! 죄송합니다!"

"알았어, 알았으니까 혼자 해결해 봐. 아이고, 아파라."

아차차 박사님은 발을 절룩거리며 자리로 돌아갔어요. 그러고는 다솔이를 향해 넌지시 말을 꺼냈지요.

"혹시 모르니 힌트를 하나 주지."

"네? 힌트요?"

"그래. 그 암호는 전기가 있어야만 보낼 수 있는 암호라네. 아차차, 이런 힌트 주면 무시한다고 다솔 군이 기분 나빠하려나?"

"아니요, 고맙습니다. 그럼 바로 시작하겠습니다."

다솔이의 얼굴에 함박웃음이 가득 차올랐지요.

최초의 전기 통신, 전신이 발명되다!

전기가 발견된 뒤, 소식을 주고받는 방법은 엄청나게 발전했어요. 전기는 전선만 있으면 거리에 상관없이 눈 깜짝할 사이에 멀리까지 흐르기 때문이지요.

모스, 전신기를 발명하다!

미국의 새뮤얼 모스는 1844년, 전기로 신호를 보내는 **전신기**를 발명했어요. 보내는 사람이 전신기 단추를 눌렀다 뗐다 하면서 신호를 보내면, 받는 사람의 전신기에 메시지가 표시되지요.

전신기는 곧 미국 모든 도시에서 쓰였고, 다른 나라에도 퍼져 나가 중요한 통신 수단으로 자리 잡았답니다.

안녕, 난 새뮤얼 모스야. 나는 원래 화가였단다. 그런데 어떻게 전신기를 발명하게 된 거냐고? 여기엔 조금 슬픈 사연이 있지.

1832년, 영국에서 미술 공부를 하던 중 아내가 죽었다는 소식을 뒤늦게 편지로 받아 보았어. 슬픔에 빠져 미국으로 돌아오던 나는 배 안에서 우연히 전기에 관한 이야기를 듣게 되었지.

그때 내 머릿속에 좋은 아이디어가 번쩍 떠올랐어. 바로 전기를 사용하면 편지보다 빠른 통신 방법을 만들 수 있겠단 것! 그때부터 난 전기를 이용한 통신 방법을 연구하기 시작했고 마침내 1844년, 전선을 통해 메시지를 주고받는 전신기를 발명했단다.

점과 선으로 이루어진 메시지 모스 부호

모스가 발명한 전신기로 통신하는 방법은 말이 아닌 신호로 의사를 전달하는 것이에요. 이 신호를 **모스 부호**라고 부르지요. 모스 부호는 문자를 짧은 신호인 점(•)과 긴 신호인 선(−)을 합쳐서 기호로 나타낸 것이랍니다.

 한글을 모스 부호로 어떻게 나타낼까?

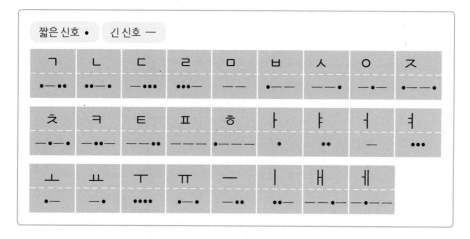

전신을 이용한 편지, 전보

전보는 모스 부호를 이용한 통신 수단이에요. 우체국과 우체국 사이의 전기 통신 시설을 이용해 메시지를 보내는 방법이지요. 내용을 종이에 적어 전달하는 방법은 우편과 같지만, 전기 통신 시설을 이용한다는 점에서 달라요. 이때, 메시지를 전달하는 방식이 바로 모스 부호였지요.

따르르릉! 전화기의 발명

모스의 전신기는 최고의 통신 수단으로 30년 이상 사용되었어요. 하지만 전신기는 짧은 소식만 간단히 보낼 수 있어 불편했답니다. 사람들은 더 많은 정보를 빨리 전할 수 있는 방법이 없을까 고민했어요. 그러다 발명된 것이 바로 **전화기**지요. 전화기는 말소리를 전기 신호로 바꾸어 전달했다가 다시 말소리로 되바꾸어 서로 이야기를 나눌 수 있도록 하는 통신 기구예요.

전화기의 발명은 통신 수단 발달에 큰 역할을 했어요. 전신만큼이나 빠르면서도, 편지보다 더 정확하게 소식을 전할 수 있었으니까요.

전파로 메시지를 전하다!

 드디어 전선이 없는 통신 수단이 발명됐대!

공기 중으로 퍼져 나가는 전파

　전신기와 전화기의 발명은 더 빠르고 편리한 통신 시대를 열어 주었지만 전선을 연결하지 않으면 통신을 할 수 없는 불편함이 있었어요. 이 불편함을 없애 주는 통신 방법이 드디어 나왔답니다. 그것은 전파를 이용한 통신이지요.

> 난 이탈리아 과학자 마르코니야. 1894년 어느 날, 난 과학 잡지에서 하인리히 헤르츠의 글을 읽고 깜짝 놀랐어. 글쎄, 그가 전파가 공기 중으로 퍼져 나간단 사실을 발견했다지 뭐야? 전파란 전기의 힘으로 이루어진 에너지를 말해. 헤르츠의 글을 본 순간, 전파를 이용하면 전선 없이 통신이 가능할 것 같다는 생각이 들었지.
> 난 곧바로 연구를 하기 시작했고, 마침내 1895년에 전파를 이용한 무선 전신기를 발명했어. 내 덕분에 오늘날 전선 없이도 통신을 할 수 있게 된 거란다!

목소리와 음악이 전파에 실려 퍼지다, 라디오

"전파로 목소리와 음악을 보낼 수 있지 않을까?"

마르코니가 무선 전신기를 발명하자, 사람들은 전파를 이용한 통신 연구에 더욱 힘썼어요. 그러다 1906년 12월 24일 미국에서 세계 최초로 **라디오** 방송에 성공했지요.

"하나 둘 셋, 제 목소리 들리십니까?"

이것이 첫 라디오 방송의 메시지였대요. 하지만 이때의 라디오 방송은 지지직 소리가 많이 나서 듣기에 불편했다고 해요.

요술 상자 속의 세상, 텔레비전

"기계 안에서 사람이 움직이다니!"

과학자들은 전파로 소리와 음악을 전할 수 있다면, 눈에 보이는 영상도 보낼 수 있을 거라고 생각했어요. 1925년 어느 날, 영국의 과학자 존 로지 베어드가 사람이나 사물의 움직이는 모습을 보낼 수 있는 기계인 **텔레비전**을 만들었지요.

하지만 최초의 텔레비전은 사용 방법이 너무 복잡하고, 화면은 흑백인 데다 화질도 흐려서 영상을 제대로 볼 수 없었어요. 그래도 사람들은 텔레비전을 무척이나 신기해했다고 해요.

똑똑한 통신 수단, 컴퓨터가 탄생하다!

컴퓨터는 라틴어★로 '계산하다' 라는 뜻이야. 처음에 컴퓨터는 계산을 빨리 하기 위해 만들어진 물건이었지.

왜 빠른 계산이 필요했냐고? 제2차 세계 대전★ 때 대포가 떨어지는 위치를 정확히 알아야 했거든.

빨리 계산해! 이번에도 틀리면 안 된다고.

알았어. 조금만 기다려 봐.

폭탄이 언제 터지는 거야?

끙~ 시간이 좀 걸릴 것 같아!

또 폭탄의 폭발 시간을 예측하는 계산도 해야 했어.

그래서 학자들은 빨리 계산할 수 있는 기계를 만들기 위해 연구하기 시작했지.

마침내 1946년 미국 펜실베이니아 대학의 존 에커트와 존 모클리가 최초의 컴퓨터인 '에니악'을 만들었단다.

★ **제2차 세계 대전** 독일·이탈리아·일본 등의 나라와 미국·영국·프랑스 등의 나라 사이에 일어난 세계적 전쟁
★ **라틴어** 고대 로마와 그 주변 지역 라티움에 정착하여 살던 라티움 사람들이 쓰던 언어. 이탈리아어, 프랑스어, 포르투갈어 등이 라틴어의 후손임

최초의 컴퓨터는 교실 크기의 두 배

세계 최초의 **컴퓨터**인 에니악은 길이가 무려 3미터, 높이가 2.5미터나 되고, 무게는 30톤이었대요. 에니악은 1초에 5천 번의 계산을 하고, 백 명의 전문가가 1년 동안 푸는 문제를 2시간 만에 해결할 정도로 놀라운 계산 속도를 자랑했지요. 그러나 에니악은 너무 크고 비싸서 일반 사람들은 사용할 수 없었답니다.

오늘날 우리가 많이 쓰는 스마트폰은 무게가 100그램 정도로 에니악 무게의 30만 분의 1밖에 되지 않아요. 하지만 계산 속도는 5천 배 이상 빨라졌지요.

세계를 잇는 보이지 않는 그물, 인터넷

컴퓨터가 발명되면서 컴퓨터로 통신을 주고받는 **인터넷**이 생겨났어요. 인터넷은 1969년 미국에서 전쟁 중에 정보를 안전하게 보호하고 전달할 목적으로 발명되었지요. 이렇게 시작된 인터넷은 점점 널리 쓰였고, 시간이 갈수록 인터넷을 사용하는 사람들이 늘어났답니다. 인터넷의 발명으로 사람들은 서로의 정보를 나누고, 엄청나게 빠른 속도로 새로운 정보를 만나게 되었어요.

이제 유비쿼터스 시대가 온다!

　신문이나 책을 보면 유비쿼터스 시대가 곧 다가온다는 말이 가끔 나와요. 유비쿼터스가 뭐냐고요? 유비쿼터스는 라틴어로 '언제 어디에나 존재한다.'라는 뜻이에요. 우리 주변에 있는 모든 사물들을 컴퓨터로 연결해서 필요한 정보와 서비스를 주는 기술을 말하지요. 유비쿼터스 시대가 오면 우리 생활이 이런 모습일 거예요.

사건 해결!

안녕하세요, 영미 양.

영미 양이 민구 군에게 받은 문자 메시지는 모스 부호라는 것입니다. 미국의 새뮤얼 모스라는 사람은 전기를 이용한 통신 수단인 전신기를 발명해 전기 신호로 메시지를 전달했습니다. 이때 그는 짧은 신호인 점(•)과 긴 신호인 선(ㅡ)으로 메시지를 만들었는데, 이 신호를 모스 부호라고 하지요.

그래서 제가 한글의 모스 부호를 가지고 영미 양이 받은 문자 메시지를 풀이해 보니, 다음과 같은 내용이었습니다.

"나도 너 좋아해."

이상 〈무엇이든 다 해결해 주는 탐정 사무소〉였습니다.

전신기부터 인터넷까지 발전 과정

전신기 : 1844년 새뮤얼 모스가 전기로 신호를 주고받는 전신기를 발명. 모스 부호(전신기로 의사 전달을 할 때 사용한 점과 선의 신호)를 이용해 메시지를 주고받음

전보 : 모스 부호를 이용한 통신 수단으로 우체국과 우체국 사이의 전기 통신 시설을 이용해 메시지를 보내는 방법

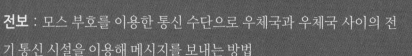

전화기 : 목소리를 전기 신호로 바꾸어 전달하는 통신 수단. 전화기가 발명되자, 전신기보다 더 빠르면서도 편지보다 더 정확하게 소식을 전달할 수 있게 됨

무선 전신기 : 1895년, 이탈리아의 마르코니가 공기 중으로 널리 퍼지는 전파를 이용한 무선 전신기를 발명. 무선 전신기로 전선 없이도 어느 곳에서든 통신이 가능해짐

라디오와 텔레비전 : 전파로 목소리를 전달하는 라디오와 전파로 영상을 보내는 텔레비전이 발명됨

컴퓨터 : 전쟁 때 계산을 빨리 하기 위해 만들어졌던 컴퓨터는 오늘날까지 우리의 생활을 매우 편리하게 해 줌

인터넷 : 세계를 하나로 묶는 거대한 통신망인 인터넷이 발명되어 우리에게 다양한 소식과 서비스를 제공함

지금은 SNS 시대!

페이스북(Facebook)이나 트위터(Twitter)라는 이름을 들어 본 친구도 있을 거고, 직접 해 본 친구들도 있을 거예요. 페이스북, 트위터는 온라인으로 다른 사람과 관계를 맺게 해 주는 서비스예요.

이러한 온라인 서비스를 통틀어 'SNS(Social Network Service)'라고 해요. '인터넷에서 사람들끼리의 사회적 관계를 만들어 준다.'라는 뜻이지요.

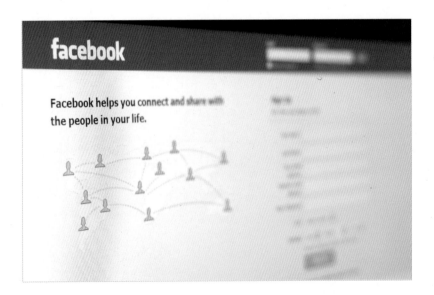

오늘 점심 메뉴는
라면!

SNS의 가장 대표적인 기능은 온라인에 자신의 정보를 공개하고 다른 사람과 의견이나 정보를 함께 나눈다는 거예요. 그러면서 이미 알고 있는 사람뿐만 아니라 나와 취미나 관심이 같은 새로운 사람을 만날 수도 있지요.

그렇지만 SNS는 문제점도 가지고 있어요. 잘못된 정보가 빠른 시간 내에 널리 퍼질 수 있고, 개인 정보가 쉽게 공개되어 나쁘게 쓰일 수도 있지요.

또 정치인, 스포츠 스타, 연예인 등 유명한 사람들이 SNS에 쓴 글이 문제가 된 적도 있어요. 이들이 무심코 던진 한마디가 여러 사람들에게 영향을 끼치기 때문이지요.

SNS는 우리가 어떻게 사용하느냐에 따라 약이 될 수도, 독이 될 수도 있답니다. 그러니 SNS를 사용할 때는 확실한 정보를 올리고, 너무 많은 개인 정보가 나가지 않도록 조심하며, 나쁜 말은 삼가는 등의 예절을 꼭 지키도록 해요.

4 따르릉 전화기,
어떻게 변해 왔을까?

인물 전화기의 발명

전화기를 최초로 만든 사람은 누구?

봄 방학이 시작되자, 해솔이와 다솔이는 아차차 박사님 연구실에서 살다시피 했어요. 사건 의뢰가 많아서라기보다는 집보다 연구실이 따뜻했기 때문이에요.

수요일 오후, 다솔이는 너무 심심해 몸이 배배 꼬였지요. 다솔이는 연구실 창문 밖을 내다보며 중얼거렸어요.

"아, 심심해~. 방학 하면 사건 의뢰가 많을 줄 알았는데, 왜 하나도 없지? 나가서 애들이랑 축구나 할까?"

"심심하다고 하지 말고, 숙제를 하든지 책을 읽어."

해솔이 말에 다솔이는 대꾸도 하지 않았지요. 늘 옳은 말만 하는 해솔이니 자기 말에 맞장구쳐 줄 거라고는 생각하지 않았거든요.

"아니다, 나가든지. 너 없을 때 사건 의뢰 들어오면 박사님께 나 혼자 해결하게 해 달라고 해야지. 이번에는 내 차례 맞지?"

"뭐라고? 아니다, 축구는 이제 지겨워. 아, 인터넷이나 해야지."

다솔이는 해솔이 눈치를 보며 컴퓨터 앞에 앉았어요. 해솔이 혼자 사건 해결을 하다니, 생각만 해도 끔찍했지요. 이번에도 멋지게 사건 해결을 하고 싶었거든요. 다솔이는 혹시나 하는 마음에 〈무엇이든 다 해결해 주는 탐정 사무소〉 사이트에 다시 접속하였지요.

"어! 사건 의뢰다."

"어디, 어디?"

해솔이는 손에 있던 책을 내려놓고 다솔이 옆으로 뛰어왔어요.

안녕하세요.

저는 과학을 좋아하는 초등학교 4학년 지세훈입니다.

얼마 전, 과학 만화책을 보다 전화기를 처음 발명한 사람이 알렉산더 그레이엄 벨이라는 사실을 알게 되었어요. 그 이야기를 아빠께 했더니 그렇지 않다고 하시는 거예요.

아빠께서는 벨이 아니라 다른 사람이 전화기를 발명했다고 하셨어요. 그럼 누구냐고 여쭤 보았더니 기억이 나지 않는다고 하시는 거 있죠?

누가 전화기를 최초로 만들었나요? 그리고 벨이 최초의 전화기를 만들었다고 알려진 이유는 무엇 때문인가요? 너무 궁금해요. 빨리 알려 주세요!

"정말이야? 벨이 최초로 전화기를 만든 사람이 아니야? 너 이 사실 알고 있었어?"

"나도 최초로 전화기를 만든 사람이 벨이라고 알고 있는데, 이상하다?"

그때, 연구실 문이 벌컥 열리며 아차차 박사님이 들어왔어요.

"아차차, 오후에 비가 내릴 거라는 뉴스를 듣고도 맨손으로 나가다니. 어휴, 이 머리로 무슨 연구를 한다고."

비를 맞은 박사님의 모습은 꼭 흠뻑 젖은 생쥐 같았어요. 그런 박사님의 모습에 해솔이와 다솔이는 웃음을 터뜨렸지요.

"너희 계속 그렇게 웃으면 사건을 주지 않을 거다. 둘 다 컴퓨터 앞에 있는 거 보니 사건 의뢰가 들어온 것 같은데."

박사님 말에 해솔이와 다솔이는 바로 웃음을 멈추었어요. 박사님이 옷에 묻은 물기를 닦는 동안 해솔이와 다솔이는 사건 의뢰 내용을 말했지요. 그러자 박사님은 잠시 생각을 하더니 이렇게 말씀하셨어요.

"이번 일은 둘이 같이 해결해야겠다. 이게 좀 복잡한 문제거든. 자, 바로 시작해라. 아차차, 어렵긴 해도 반드시 해결할 수 있을 테니, 걱정하지 말고. 알았지?"

최초의 전화기 발명자는 바로 나!

전기로 사람을 치료하다가 전화기를 발명하다 – 안토니오 무치

안토니오 무치는 미국에서 활동한 이탈리아 출신 과학자예요. 무치는 중금속 회사의 연구원으로 가끔씩 전기로 환자를 치료하기도 했지요.

그러던 어느 날, 무치는 전기 치료법을 실험하다가 우연히 소리가 전깃줄을 통해서 귀로 들리는 경험을 하게 되었어요. 그리고 이때 발견한 원리를 바탕으로 여러 번의 실험을 통해 1860년, 전화를 발명하였지요.

하지만 가난한 무치는 특허*를 낼 돈이 없었어요. 그래서 유니언 전신 회사라는 곳을 찾아가서 자신을 도와줄 수 있냐고 물었지요.

"생각해 볼 테니 설계도를 놓고 가십시오."

집으로 돌아온 무치는

여기 억울한 전화기 발명자가 있어!

연락을 기다렸지만, 아무리 기다려도 깜깜 무소식이었어요. 게다가 더욱 황당한 일은 유니언 전신 회사에서 그만 무치의 설계도를 잃어버리고 만 거예요.

그 뒤 1876년 유니언 전신 회사는 알렉산더 그레이엄 벨이라는 과학자와 협동하여 전화기를 발명했다고 발표했어요. 이 사실을 안 무치는 매우 화가 났지요.

"벨의 설계도는 유니언 전신 회사에서 잃어버린 내 설계도와 너무나 비슷합니다. 저에게도 특허권을 주셔야 합니다."

하지만 무치는 자신의 발명을 증명할 힘이 없었어요. 게다가 벨이 뛰어난 변호사를 내세우는 바람에 번번이 재판에서 지고 말았지요. 결국 무치는 전화기를 발명했다는 것을 인정받지 못한 채 1889년 죽음을 맞이했어요.

그러나 무치가 죽은 지 110여 년이 지난 2002년, 미국 의회에서는 최초로 전화기를 발명한 사람이 안토니오 무치라는 사실을 인정했답니다.

⭐특허 특정인에 대하여 새로운 일정한 권리를 주는 것

이건 장난감이 아니에요!

역사 속으로 사라진 이름 - 요한 필립 라이스

1860년, 독일의 요한 필립 라이스는 멀리 떨어진 사람들끼리 소리를 주고받을 수 있는 발명품 실험에 성공했어요.

여러 번의 실험 끝에 만들어진 그의 발명품은 모양은 괴상했으나, '소리를 전달하는 신기한 기계'로 소문이 나서 많은 사람들의 관심을 끌었지요.

열심히 만든 전화기가
장난감 취급을 받다니…!

1861년 10월, 요한은 자신만만하게 과학자 모임에서 자신의 발명품 전화기를 선보였어요. 하지만 다들 재밌는 장난감 정도로 취급할 뿐이었지요. 결국 그 전화기는 널리 알려지지 못했고, 요한 필립 라이스는 1874년 세상을 떠나고 말았습니다. 물론 특허도 받지 못했고요.

뒷날 알렉산더 그레이엄 벨이 전화기를 발명해 특허를 따냈다는 소문이 퍼지자 요한의 고향 사람들은 그제야 안타까워했다고 해요. 그래서 요한의 묘비에 〈전화기의 참된 발명자〉라는 비석을 세워 주었으나, 이미 늦은 일이었지요.

전화기 발명을
인정받지 못하고
죽다니 슬프도다….

전화기 특허권의 주인공은 바로?

알렉산더 그레이엄 벨

알렉산더 그레이엄 벨, 전화기 발명 성공하다!

"왓슨, 이리로 좀 와 주게. 자네 도움이 필요하네!"

알렉산더 그레이엄 벨이 조수인 토마스 왓슨을 다급하게 불렀어요. 전화기 실험을 하던 벨이 황산 용액을 쏟는 바람에 놀라서 소리친 것이에요. 그런데 놀랍게도 아래층에 있던 왓슨이 그 소리를 전화기를 통해 듣고 달려왔답니다. 전화기 실험이 성공한 순간이었지요!

미국의 알렉산더 그레이엄 벨*은 젊은 시절부터 청각 장애인들을 가르치며 소리에 대해 관심이 많았어요. 그 뒤 미국 보스턴 대학교의 음성학 교수가 되어 소리에 대해 본격적으로 연구하기 시작했지요. 벨은 손재주가 뛰어난 기계 수리공 토마스 왓슨의 도움을 받아 소리를 전달하는 기구를 개발하기 시작했어요. 끊임없는 노력으로 마침내 1875년, 전화기 발명에 성공했답니다. 그리고 다음 해 벨은 전화기 발명 특허권을 따냈지요.

★ 알렉산더 그레이엄 벨은 영국에서 태어났으나, 1882년 미국으로 국적을 바꾸었다.

특허권이 뭐기에!
벨과 그레이 이야기를 들어 봐~.

2시간 차이로 억울해! - 엘리샤 그레이

"저는 엘리샤 그레이입니다. 전화기에 대한 특허를 신청하려고 합니다."

1876년 2월 14일 미국의 엘리샤 그레이는 자신이 발명한 전화기의 특허를 신청하러 특허청을 찾아갔어요. 그런데 불행하게도 같은 날, 특허를 신청한 사람이 있었는데 바로 알렉산더 그레이엄 벨이었지요.

"죄송하지만 알렉산더 그레이엄 벨 씨가 당신보다 2시간 전에 특허를 신청했습니다."

"뭐라고요?"

그레이는 너무 억울했어요. 사실 그레이는 벨보다 먼저 전화기를 발명하고 1874년에 이미 사람들 앞에서 시범도 보여 줬거든요. 게다가 그레이의 전화기가 벨의 전화기보다 더 성능도 좋았다고 해요. 그러나 뒤늦게 특허청을 찾아 어쩔 수 없었답니다.

내가 전화기를 먼저 만들었단 말이야!

전화기가 널리 퍼지기까지

전화기를 잘못 쓰면 전염병이 돈다고?

알렉산더 그레이엄 벨이 전화기를 처음 선보이자, 사람들은 무척 놀라워했어요.

"어! 목소리가 들려. 신기해."

하지만 모든 사람들이 전화기를 높게 평가한 것은 아니에요. 이상한 장난감으로 여기는 사람들도 있었어요. 심지어는 전화기를 잘못 쓰면 귀가 들리지 않게 되거나, 미쳐 버릴 수 있다고 생각하는 사람들도 있었지요. 그래서 처음에는 전화기를 사용하려고 하는 사람이 별로 없었다고 해요.

브라질 황제, 전화기의 가치를 알아보다!

1876년 6월 미국의 필라델피아에서 미국 독립 100주년을 기념하는 산업 박람회*가 열렸어요. 전 세계 발명가들이 이 박람회에 몰려들었는데, 물론 벨도 빠질 수 없었지요.

어느 날 저녁, 박람회의 심사 위원 중 한 명인 브라질의 황제 페드루 2세가 벨이 전화기를 설치한 부스 앞에서 서성였어요.

'그래, 전화기의 성능을 보여 주기 좋은 기회야.'

★**박람회** 농업, 상업, 공업 따위에 관한 온갖 물품을 모아 벌여 놓고 판매 또는 심사를 하는 전람회

벨은 페드루 2세에게 다가가 말했어요.

"이 기계를 귀에 대고 계십시오."

그러고는 벨은 부스에서 멀리 떨어진 곳에서 전화기에 대고 말을 했지요.

"사느냐, 죽느냐 그것이 문제로다."

윌리엄 셰익스피어의 소설 『햄릿』에 나오는 유명한 대사였어요. 이 말을 들은 페드루 2세는 화들짝 놀랐지요.

"앗! 기계가 말을 하네? 내가 본 발명품 중에 최고군요!"

페드루 2세 덕분에 벨의 전화기는 인기를 끌었으며, 상까지 받았답니다. 그 뒤 전화기는 널리 퍼져 오늘날까지 사용되고 있는 거지요.

무릎을 꿇고 전화를 받았다고?!

1896년 고종 임금 때 우리나라에 전화기가 처음 들어왔어요. 이때 전화기를 '텔레폰(telephone)'의 한자음을 따서 '덕률풍' 또는 '득률풍'이라고 했지요. 덕수궁에 고종 임금의 전화기를 놓고, 정부 기관과 다른 지역으로 연결했지요. 관리들은 고종 임금에게 전화가 오면 옷차림을 갖추고 큰절을 네 번 한 뒤 무릎을 꿇고 엎드려 전화를 받았다고 해요.

안녕하세요. 지세훈 군.

최초로 전화기를 발명한 사람은 이탈리아의 안토니오 무치라는 사람입니다. 그 외에 독일의 요한 필립 라이스, 미국의 엘리샤 그레이가 알렉산더 그레이엄 벨보다도 먼저 전화기를 발명했다고 알려져 있지요.

벨은 최초로 전화기를 발명한 사람은 아니지만, 그가 전화기 발명과 발전에 많은 노력을 기울였다는 사실은 우리 모두가 인정해야 하겠죠?

이상 〈무엇이든 다 해결해 주는 탐정 사무소〉였습니다.

다른 궁금하신 점이 있으면 언제든 문의해 주세요.

고맙습니다. ^^

_ □ X

전화기 발명의 역사

1860년, 이탈리아의 안토니오 무치는 최초로 전화기를 발명했지만 가난해서 특허를 받지 못함. 미국 의회는 2002년에 안토니오 무치를 최초의 전화기 발명자로 인정함

⋮

1860년, 독일의 요한 필립 라이스는 전화기 발명에 성공하였으나, 사람들의 관심을 끌지 못함

⋮

1876년 2월 14일, 미국의 엘리샤 그레이는 전화기 특허권을 신청하러 갔으나, 알렉산더 그레이엄 벨보다 2시간 늦게 왔다는 이유로 특허를 받지 못함. 사실 그레이는 벨보다 먼저 전화기를 발명하고 1874년에 이미 시범을 보였음

⋮

1875년 미국의 알렉산더 그레이엄 벨은 전화기를 발명함. 1876년 2월 14일 벨은 전화기에 대한 특허권을 따냄

전화기는 어떻게 변해 왔을까?

종로에 사는 김민아 바꿔 주세요.

공전식 전화기

자석식 전화기 이 전화기는 버튼이 없어요. 전화기 옆에 있는 손잡이를 돌리면 신호가 가고 교환원이 받았지요. 교환원이 원하는 곳과 연결시켜 주면 그제야 전화 통화를 할 수 있었어요.

공전식 전화기 공전식 전화기도 자석식 전화기와 마찬가지로 버튼이 없어요. 수화기를 들면 바로 신호가 가고, 교환원이 받아서 원하는 곳과 연결시켜 주었어요.

다이얼 전화기·버튼식 전화기 기술이 발전하면서 교환원을 통하지 않고 기계가 자동으로 교환해 주어 상대방과 통화할 수 있게 되었어요. 번호마다 뚫려 있는 구멍에 손가락을 넣은 뒤 돌리거나 버튼을 누르면 자동으로 연결이 되었지요.

무선 전화기 1960년대에 전화선이 없는 무선 전화기가 발명되었어요. 사람들은 부엌, 베란다 등 집 안 어디서나 통화를 할 수 있게 되었지요.

휴대 전화 미국의 한 통신 회사는 1973년에 집 밖에서도 자유로이 통화할 수 있는 전화기를 만들었어요. 그런데 처음의 휴대 전화는 갖고 다니기 힘들 정도로 엄청 컸다고 해요.

스마트폰 최근 널리 사용되고 있는 스마트폰은 통화뿐만 아니라 인터넷, 애플리케이션★을 이용한 다양한 문화생활을 즐길 수 있어요.

★ 애플리케이션 스마트폰에서 쓰이는 프로그램

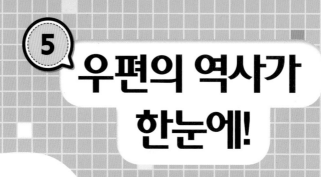

5 우편의 역사가 한눈에!

체험 우정 박물관

아차차 박사님의 깜짝 선물

　며칠째 비가 계속 내렸어요. 그 바람에 해솔이와 다솔이는 밖에 나가 놀지도 못하고, 집과 연구소에서만 시간을 보내느라 무척 심심했지요.

　그러던 어느 날 오후, 아차차 박사님은 비 내리는 창문을 보며 서 있다가 갑자기 무엇인가 생각난 듯이 말했어요.

　"아차차, 깜빡하고 넘어갈 뻔했네! 해솔아, 다솔아. 이리로 와 보렴."

　"박사님, 무슨 일이에요?"

　"심심하지? 우리 퀴즈 놀이할까? 자, 여기 문제가 적힌 종이들이 있다. 각각 종이를 고르고 문제의 답을 맞히면 내가 작은 선물을 주지."

　박사님 말에 해솔이와 다솔이가 후다닥 책상 앞으로 뛰어갔어요. 그러고는 재빨리 종이를 하나씩 골랐지요.

　"이 문제를 풀면 되는 거예요?"

　"지금 고른 문제를 푸는 게 아니라, 서로 바꾸어 푸는 거야. 해솔이가 가진 종이의 문제는 다솔이가, 다솔이가 가진 종이의 문제는 해솔이가 푸는 거지. 자, 해솔이가 먼저 문제를 내 보거라."

　해솔이는 종이를 읽은 뒤, 다솔이에게 문제를 냈어요.

"옛날 사람들이 사용한 통신 수단은 뭐가 있지?"

다솔이는 입이 딱 벌어졌어요. 해솔이가 혼자 해결했던 사건이었거든요. 해솔이가 집에 와서 말해 주긴 했지만, 잘 생각나지 않아 머뭇거렸지요.

"한 친구가 영화를 보고 사건 의뢰했다고 말해 줬잖아. 기억 안 나?"

"자, 잠깐만. 그래 맞아! 연기와 횃불, 북, 신호연, 파발과 보발!"

다솔이가 정답을 맞히자 해솔이는 손뼉을 치며 좋아했어요. 이번에는 다솔이가 종이 하나를 펼쳤지요.

"이건 우리가 함께 해결한 사건이야. 통신에 필요한 세 가지 조건이 뭘까?"

해솔이는 별것 아니라는 표정을 지어 보이며 바로 대답했어요.

"보내는 사람, 듣는 사람, 전달하는 내용!"

"딩동댕!"

둘은 손을 맞잡고 폴짝폴짝 뛰며 좋아했지요. 그러다 그제야 생각난 듯 아차차 박사님을 바라봤어요.

"박사님 우리가 말한 거 다 맞죠?"

"물론이야. 기억을 잘하고 있구나. 아니, 문제가 너무 쉬웠나?"

"아니에요. 문제가 쉬운 게 아니라 우리가 잘한 거라고요. 박사님 선물 주기 싫어서 그러시는 거죠?"

아차차 박사님은 대답 대신 껄껄 웃기만 하셨어요. 해솔이와 다솔이는 아차차 박사님의 눈치만 살폈지요.

"왜 선물 주기가 싫어. 약속은 약속이지. 선물은 바로~ 소풍이다! 우리 내일 소풍 가자. 오늘 밤부터 비가 그친다고 하니까 천안에 있는 우정 박물관에 다녀오자."

"우정 박물관? 친구들과 우정을 나누는 박물관이에요?"

"하하. 아니야. 우정은 우편에 관한 행정을 말하지. 우정 박물관은

우리나라 우편에 관한 모든 정보가 담긴 곳이란다."

엉뚱한 소리를 한 다솔이가 멋쩍은지 머리를 긁적였어요. 그리고 보니 지난 겨울 방학 때 명수가 부모님과 다녀왔다는 이야기를 들은 것 같기도 했지요.

"우정 박물관을 관람하면서 그동안 우리가 해결한 사건들을 함께 정리해 보자꾸나. 어때?"

"좋아요! 그런데 도시락은 안 싸도 되는 거예요?"

"물론이야. 관람 끝나면 내가 맛있는 것 사 줄게. 돌아오는 길에 시간이 되면 근처에서 바다도 보고 오고."

"우아, 신난다!"

해솔이와 다솔이는 오랜만의 나들이 소식에 마음이 콩닥콩닥 설렜답니다.

우편의 모든 것을 담은 우정 박물관

충남 천안에 위치하고 있는 우정 박물관은 1884년 우정총국이 세워질 때부터 현재까지 우리나라 우정의 역사와 문화를 정리하여 보여 주는 곳이에요.

우정 박물관은 일제 강점기*였던 1938년에 우정의 역사에 관한 자료들을 보존하기 위해 '체신 박물관'이란 이름으로 처음 문을 열었어요. 그러다 1985년에 우정 박물관으로 이름을 바꿨지요.

우정 박물관은 제1전시실 우정 역사관과 제2전시실 우정 문화관, 우정 문화 체험관으로 이루어져 있어요.

⭐ **일제 강점기** 일본이 우리나라를 지배했던 1910년부터 1945년까지 35년간의 시대

우정 박물관
위치 충청남도 천안시 동남구 양지말 1길 11-14
홈페이지 postmuseum.go.kr
전화번호 041-560-5900
관람 시간 오전 9시~오후 6시
휴관일 국경일, 신정, 설·추석 연휴, 일요일
관람료 무료

제1전시실 우정 역사관

우정 역사관에는 우리나라 옛날 통신 수단을 비롯한 우정의 역사에 관한 전시품들이 소개되어 있어요.

그림과 글로 배우는 우정 발달 이야기

우정 발달은 크게 근대* 이전, 근대, 현대로 나뉘어요. 근대 이전에는 연, 북 등을 이용하여 통신을 하였고 근대에 이르러서야 우편 업무가 시작되었지요. 또 현대에는 과학 발달 덕분에 휴대 전화, 컴퓨터와 같은 통신 수단이 나날이 발전하고 있답니다.

★ **근대** 역사의 시대 구분의 하나로 우리나라에서는 일반적으로 1876년 이후부터 1919년 3·1 운동까지의 시기를 이른다.

모형으로 배워요

사람이 말을 타고 가고, 산봉우리 위에서 연기가 피어오르는 모습이 낯익죠? 맞아요. 앞에서 배웠던 옛날 통신 수단, 파발과 봉수를 나타낸 모형이에요. 모형 앞에 서면 자동으로 옛날 통신 수단에 대한 설명이 나온답니다.

우리나라 우정의 발자취

이곳에서는 좀 더 상세하게 우리나라 우정의 발자취를 볼 수 있어요. 언제 처음으로 우표와 엽서가 만들어졌는지, 언제부터 국제 우편 업무를 시작했는지 등을 알 수 있지요.

우정 발달에 도움을 준 사람

이곳엔 우리나라 우정 발달에 도움을 준 사람들이 소개되어 있어요. 그중 대표적인 사람이 바로 홍영식이에요. 홍영식은 조선 시대에 미국에 건너가 우체국 등을 살펴보면서 우리나라에도 새로운 우편 제도가 필요하다고 고종 임금에게 건의했던 사람이지요.

우편집배원 복장, 이렇게 변했어요!

옛날에는 우편집배원들을 체전부라 불렀지요. 체전부의 복장부터 현재 우편집배원의 복장까지 살펴볼까요?

집배원 복장의 변천
Changes of Postman Uniform

안타까운 우편집배원 이야기

1980년, 오기수 우편집배원 아저씨는 눈이 많이 오는 날임에도 불구하고 우편 배달에 나섰어요. 그런데 마지막 우편물 을 외딴 산골 마을에 배달하다가 사고로 그만 목숨을 잃으셨지요. 궂은 날씨에도 우편집배원으로서 끝까지 책임과 의무를 다하셨던 아저씨의 이야기는 초등학교 도덕 교과서 에 실리기도 했답니다.

궁금해요! 우편집배원의 물품

가방

헬멧

우편

우편집배원들이 쓰던 가방과 모자는
어떻게 달라졌을까요?

이곳에서는 가방과 모자뿐만 아니라
휴대용 난로, 도장 등 우편집배원이 지니
고 다녔던 물품에 관한 전시물들을 볼 수
있어요.

헬멧의 색은 시대별로 조금씩 다르군요. 가방의 모양은 달라졌지
만 예나 지금이나 색은 그대로인 게 인상적이죠?

우표는 우편 요금을 낸 표시로 우편물에 붙이는 증표예요. 최근에는 취미나 기념으로 우표를 모으는 경우가 많지요. 엽서는 봉투에 넣지 않고 부치는 카드 형식의 우편을 말해요.

우리나라의 우표와 엽서가 어떤 모습으로 변해 왔는지, 살펴보아요.

옛날 엽서들   오늘날 엽서

우리나라는 1900년에 처음으로 엽서를 만들었어요. 많은 시간이 지났지만 예나 지금이나 엽서의 크기와 사각형 모양은 크게 변하지 않았네요.

아래는 1884년 우정총국이 생긴 것을 기념하여 만들었던 우리나라 최초의 우표인 문위 우표예요. 우표에 쓰여 있는 금액이 그때 쓰였던 화폐 단위인 '문(文)'으로 표시되어 문위 우표라는 이름이 붙게 되었대요.

문위 우표

1884~1950

우표로 보는 우리나라 역사
Korean History Seen in the Stamps

우표로 보는 우리나라 역사

우표를 보면 한 나라의 역사를 알 수 있어요. 그게 무슨 말이냐고요? 보통 나라에서 그 해에 특별한 행사나 축제가 있으면 그것을 기념하는 우표를 만들거든요. 이곳에서는 1884년부터 현재까지 우리나라에서 어떤 우표를 만들었는지 보여 줘요.

1982년에는 한국과 미국 수교★ 100년을 기념하는 우표가, 1988년에는 제24회 서울 올림픽 개최를 기념하는 우표가 만들어졌어요.

2010년에는 제21회 밴쿠버 동계 올림픽에서 김연아 선수가 금메달을 수상한 것과 서울에서 G20 정상 회담★을 연 것을 기념하는 우표가 만들어졌지요.

★ **수교** 외교 관계를 맺음
★ **G20 정상 회담** 대한민국, 미국, 영국, 독일 등 20개 나라의 대표자들이 모여 세계 경제를 논의하는 자리

 우체국 간판과 우체통

우체국 간판도 변했다?

우체국 간판도 꾸준히 바뀌어 왔어요. 옛날 우체국 간판은 흰 바탕에 검은 글씨를 쓴 단순한 모양이었지요. 하지만 현재 우체국 간판은 눈에 쉽게 띄도록 바탕을 빨간색으로 바꾸고, 영문도 함께 표기하고 있어요.

우체국을 상징하는 제비

우리나라 우체국을 상징하는 마크*는 제비를 나타낸 거예요. 옛날부터 우리나라 사람들은 제비를 좋은 소식을 전해 주는 새라고 생각했거든요. 또 제비는 속도가 매우 빠르지요. 한마디로 우체국의 마크는 제비처럼 빠르게 소식을 전한다는 의미가 담겨 있답니다.

★ **마크** 어떠한 뜻을 나타내기 위해 쓰는 부호나 문자

우체통의 변천

조선 후기에는 우체통을 나무로 만들고, 빗장을 채워 사용했대요. 그런데 우체통에 빗물이 스며들어 우편물이 젖는 경우가 종종 있었다고 해요.

그러다 1970년대에 우편물을 안전하게 보호할 수 있도록 우체통을 철로 만들었지요.

대한 뉴스로 본 우정의 변천

 우리나라 우편의 역사와 우편 업무에 관한 뉴스를 볼 수 있는 방이에요. 방 안에 들어가면 자동으로 뉴스가 시작되지요. 우리나라에 언제부터 우편 제도가 시작되었으며, 옛날 우체국 직원의 모습은 어땠는지 들어 보아요.

제2전시실 우정 문화관

우정 문화관에는 우체국에서 쓰이는 물건, 세계 우편집배원 복장, 세계의 우체통 등이 전시되어 있어요.

 우편 업무를 편리하게 해 주는 것들

우체국의 기계들

우체국에서는 우편물을 접수했다는 의미로 도장을 찍어요. 우편물에 도장을 찍는 것을 '소인'이라고 하지요. 그런데 도장을 일일이 손으로 다 찍으려면 힘이 들겠죠? 그래서 우체국에는 자동 소인기가 있어요. 자동 소인기 안에 우편물을 넣으면 착착 도장이 찍혀서 나오지요.

그리고 우체국에는 우편물을 묶어 주는 기계인 자동 파속기도 있어요. 각 지역별로 분류된 우편물들이 자동 파속기를 통해 묶인 뒤, 그 지역의 우체국으로 배달되지요.

자동 소인기

자동 파속기

우편물의 무게를 재는 저울도 시대에 따라 변해 왔어요. 옛날에는 쟁반 저울을 사용했으나 시간이 지나면서 눈금 저울, 전자저울로 바뀌었지요.

우편 자루 걸이

이것은 우편물을 보관하는 우편 자루 걸이예요. 취급 방법에 따라 보통 우편과 빠른 우편으로 나누어서 보관하지요. 보통 우편은 접수된 뒤 4일 이내로 목적지까지 도착하는 우편물을 말하고, 빠른우편은 접수한 다음 날까지 배달되는 우편물을 말하지요.

점점 빠르게! 운송 수단

우편물을 실어 나른 운송 수단의 발전 모습을 모형으로 살펴볼 수 있어요. 먼 옛날에는 소나 말이 끄는 수레에 우편물을 실어 날랐어요. 지금은 커다란 트럭으로 많은 우편물을 신속하게 운송하고 있지요.

화물 운반 수레

많은 양의 우편물을 한 번에 옮길 때는 커다란 수레를 사용해요. 바퀴가 달려 있어 손쉽게 운반할 수 있지요.

가지각색, 세계 집배원의 복장

나라마다 우편집배원 복장이 달라요. 캐나다, 독일, 스위스, 말레이시아, 미국 등 여러 나라의 우편집배원 복장을 살펴보아요. 어떤 나라의 옷이 가장 마음에 드나요?

스웨덴　　미국　　일본　　프랑스

알록달록, 세계의 우체통

각 나라마다 우체통 색깔도 다르다는 사실, 아나요? 우리나라, 일본, 캐나다는 우체통이 빨간색이에요. 우리나라는 원래 나무로 만든 우체통을 사용했는데, 일제 강점기 때 일본의 영향으로 빨간색으로 바꾸었다고 해요.

스웨덴, 프랑스, 스위스의 우체통은 노란색이지요. 또 미국의 우체통은 파란색이랍니다.

우체국 보험에 가입하기 잘했어!

든든해! 우체국의 예금과 보험

우체국에서는 우편물 배달 외에 다양한 업무를 하고 있어요. 오늘날 우체국에서는 예금 업무도 하고 있지요. 은행처럼 돈을 저금하고, 필요할 때 찾아 쓸 수 있답니다. 물론 다른 은행과도 거래가 가능하고요.

또 우체국에서는 보험 서비스도 제공하고 있어요. 보험이란 미리 일정한 돈을 모아 두었다가 아프거나 사고가 났을 때 보상을 받는 서비스를 말해요.

재미있는 우체국 이야기

〈우체국 이야기〉영상을 보면서 우체국의 하루 이야기를 들어 보아요. 우리가 우체통에 넣은 우편물이 어떻게 우체국에 가고, 또 어떻게 목적지까지 도착하는지, 그동안 우체국에서는 어떤 일들이 벌어지는지 영상을 보며 배워요!

우표의 모든 것이 여기에!

우표는 어떻게 인쇄되는 걸까요? 또 누가 만드는 것일까요?

여기에 그 모든 궁금증 해결의 열쇠가 있답니다. 우표의 제작 과정과 인쇄, 우표의 종류에 따른 수집 방법 등 우표에 대한 정보가 가득하지요.

클릭! 세계의 우표

세계의 우표를 구경하고 싶은 친구들, 여기로 모여요! 어떤 나라의 우표를 검색하고 싶은가요? 원하는 나라의 국기를 클릭하면, 그 나라의 다양한 우표를 감상할 수 있답니다.

찰칵! 포토 메일

우정 박물관에 놀러 왔는데 그냥 가면 섭섭하죠~. 방문 기념으로 사진을 찍고 친구에게 메일을 보내요. 자, 카메라 렌즈를 보고 포즈를 취해 보아요. 하나 둘 셋, 찰칵!

재미 쏠쏠, 우표 퍼즐 맞추기

관람하다가 몸이 근질근질해졌다면? 우표 퍼즐 맞추기 놀이를 해요. 발자국 표시가 난 곳에 서면, 카메라가 내 몸의 움직임을 자동으로 인식하지요. 그럼 손을 움직여서 모니터 속의 퍼즐을 옮겨서 맞출 수 있어요.

우정 체험 문화관

전시관 옆에는 관람객들이 여러 체험을 할 수 있는 우정 체험 문화관이 마련되어 있어요.

세계의 멋진 우편집배원으로 변신!
제2진시실에서 세계 여러 나라의 우편집배원 복장을 구경했죠? 여기서는 다른 나라 우편집배원 옷을 직접 입어 볼 수 있어요. 친구와 함께 우편집배원으로 변신한 뒤 사진을 남기면 좋은 추억이 될 거예요.

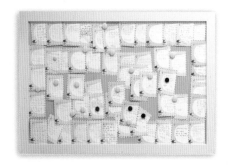

마음을 담아 편지를 써요

우정 박물관에서는 친구, 가족들에게 쓴 편지를 직접 배달해 주고 있어요. 예쁜 편지지와 봉투, 우표는 안내 데스크에서 받을 수 있지요.

신기한 탁본*체험

우리나라 최초의 우표인 문위 우표를 탁본할 수도 있어요. 함께 해 볼까요?

1 탁본대, 한지, 밀대, 잉크 롤러, 잉크를 준비해요.

2 탁본대를 열고 고무 보호대를 펼쳐요.

3 잉크 롤러를 이용해, 잉크를 탁본판 위에 칠해요.

4 고무 보호대를 빼고, 종이를 올려요.

5 탁본대의 덮개를 덮어요.

6 밀대를 이용해서 탁본대의 윗면을 골고루 문질러요.

7 탁본 완성!

★**탁본** 비석, 기와 등에 새겨진 글씨나 무늬를 종이에 그대로 떠냄

우정 박물관
· 우리나라 우정 역사와 문화
를 정리하여 보여 주는 우정
선문 박물관

제1전시실 〈우정 역사관〉

우리나라 우정의 역사를 보여 주며, 우체통·우표·우편집배원의 물품
등의 시대에 따른 변화를 엿볼 수 있음

〉〉〉 우정 발달 이야기

　　근대 이전 : 연, 북 등을 이용하여 통신함

　　근대 : 우편 업무가 시작됨

　　현대 : 최신 기계 발달로 통신 수단이 나날이 발전함

〉〉〉 홍영식 : 조선 시대에 미국의 우체국을 관람한 뒤 우리나라에 근
대 우편 제도가 필요하다고 고종 임금에게 제안함

〉〉〉 문위 우표 : 1884년 우정총국이 생긴 것을 기념하여 만들어진 우
리나라 최초의 우표

〉〉〉 우체통의 변천 : 나무로 만들어져 빗장을 채움 ⋯〉 우편물을 안전
하게 보관하기 위해 1970년대에 철로 만듦

제2 전시실 〈우정 문화관〉

》》》 우체국의 기계와 물품
자동 소인기 : 우편물에 도장을 자동으로 찍는 기계

자동 파속기 : 우편물을 묶어 주는 기계

우편 자루 걸이 : 보통 우편과 빠른우편으로 나누어 보관하는 자루

》》》 세계의 우체통
빨간색 : 우리나라, 일본, 캐나다

노란색 : 스웨덴, 프랑스, 스위스

파란색 : 미국

》》》 우체국의 다양한 업무
예금 : 돈을 저금하고 필요할 때 찾아 씀

보험 : 일정한 돈을 모아 두었다가 아프거나 사고가 났을 때 보상
을 받을 수 있음

우정 체험 문화관

세계의 우편집배원 복장을 입고 사진을 찍을 수 있음

친구와 가족들에게 편지를 쓰고, 탁본 체험을 할 수 있음

관람객의 쉼터, 우편 테마 공원

전시관 구경을 마친 뒤 우정 박물관 밖에 있는 우편 테마 공원을 관람해 보아요. 관람객들이 쉬어 갈 수 있는 공간인 우편 테마 공원에는 몇 가지 전시물이 있답니다.

역사 속에 사라진 우편 열차

옛날에는 우편물을 옮길 때 우편 열차를 이용했어요. 그러나 고속 도로가 생긴 뒤부터 열차보다는 자동차로 운송을 하는 경우가 많아졌지요. 결국 2006년 5월 24일을 마지막으로 우편 열차는 사라졌어요. 비록 우편 열차는 없어졌지만, 잊지 말자는 의미로 이곳에 우편 열차를 전시하게 되었대요. 이 안에는 우편 열차의 사진과 모형 등이 전시되어 있지요.

세상에서 가장 큰 우체통, 밀레니엄 우체통

우아~ 엄청나게 큰 우체통이에요! 무려 높
이가 4미터나 되는 이 우체통의 이름은 밀레
니엄 우체통이랍니다. 원래는 한 백화점에
서 새 천년 맞이 행사 기념으로 만든 것인데,
행사가 끝난 뒤 기증했다고 해요. 세계에서
가장 큰 우체통으로 2000년 기네스북에도 등재*되었지요. 우편물
을 넣으면 자동으로 음악이 나온대요. 정말 신기하죠? 관람객들이
우정 문화 체험관에서 썼던 편지를 이곳에 넣으면 매일 4시에 우편
물을 수거하여 목적지까지 배달해 주지요.

우정인들의 열정을 담은 비천상

지구를 감싸 안으며 하늘로 오르는 사람들,
높은 곳에서 편지를 들고 있는 비둘기! 비천
상이라고 불리는 이 동상은 비가 오나 눈이
오나 세상 구석구석을 누비는 우정인들의
열정을 나타낸 것이랍니다.

★ **등재** 일정한 사항을 기록하여 올림

통신이야, 통신 수단이야?

1 단어와 뜻을 알맞게 짝지어 보세요.

① 통신

⑦ 우편, 전화와 같이 서로 소식을 나누고 많은 정보를 접할 수 있도록 도와주는 것

② 통신 수단

ⓒ 자신의 생각이나 지식을 다른 사람과 주고받는 일

2 다솔이와 엄마의 전화 통화에서 통신의 세 가지 조건을 찾아 써 보세요.

① _____ : 다솔이

② _____ : 엄마

③ _____ : 엄마, 저 오늘은 피아노 학원에 가기 싫어요~.

3 다음에서 설명하는 통신 수단은 무엇인가요?

- 손으로 보내는 신호이다.
- 주변의 환경 때문에 말을 할 수 없을 때 주로 쓰인다.
- 교통경찰, 뱃사람, 야구 심판 등이 이것을 사용한다.

(   )

4 〈보기〉에서 각 설명과 관련된 알맞은 단어를 찾아 써넣으세요.

보기

몸짓   말   그림   문자

① 사람들은 이것 덕분에 생각을 기록하고 이전보다 더 정확하고 많은 정보를 전할 수 있었다. 편지를 써서 멀리 떨어진 곳까지 소식을 전하고, 책을 써서 후손들에게 지식을 전달하였다.

(   )

② 눈앞에 없거나 멀리 떨어진 사람에게 메시지를 남기는 방법이다. 옛날 동굴 벽화에 잘 나타나 있다.

(   )

1 수영이가 봉수에 관해 조사를 했어요. 다음 중 틀린 것을 <u>모두</u> 고르세요.

> ① 나라에 위험한 일이 생기거나, 적이 쳐들어올 때 사람들은 낮에는 횃불, 밤에는 연기를 피워 급한 소식을 전했다. 이것을 '봉수'라고 한다.
> ② 우리나라는 가야 때부터 봉수를 사용했다는 기록이 있다.
> ③ 고려 시대에는 봉수가 쓰이지 않다가 ④ 조선 시대 세종 임금 때 국가 제도로 정해져서 널리 쓰였다.

2 다음 단어들과 관계있는 통신 수단은 무엇인가요?

> 임진왜란, 명령, 이순신

① 북   ② 신호연   ③ 파발   ④ 연기

3 이 사람의 직업은 무엇일까요?

① 기발꾼
② 보발꾼
③ 암행어사
④ 체전부

난 이렇게 말을 타고 나랏일 소식을 전하는 일을 해. 중간에 역참에 들러 지친 말을 새 말로 바꾸기도 하지. 역참은 25리마다 있단다.

4 빈칸에 알맞은 말을 쓰세요.

> 1884년, 우리나라에 최초의 우체국인 (   )이 만들어졌다.
> 하지만 안타깝게도 20여 일 만에 문을 닫았다. 우편 업무는 10여 년 뒤
> 인 1895년에야 다시 시작되었다. 이렇게 근대 우편 제도가 실시되면서
> 백성들도 소식을 주고받을 수 있게 되었다.

5 옛날 우편집배원 체전부와 오늘날 우편집배원을 비교한 그림이에
요. 그림을 보고, 어떤 점이 다른지 말해 보세요.

통신, 세상을 이어 주다!

1 다음에서 설명하는 인물과 발명품을 바르게 이은 것을 찾으세요.

> (㉠)은(는) 1844년 (㉡)를 만들었다. (㉡)는 전선을 통해 메시지를 주고받는 통신 수단이며 모스 부호를 이용하여 메시지를 전달한다.

① ㉠ 새뮤얼 모스 ㉡ 전신기
② ㉠ 존 에커드 ㉡ 전신기
③ ㉠ 마르코니 ㉡ 무선 전신기
④ ㉠ 하인리히 헤르츠 ㉡ 무선 전신기

2 다음 문장을 모스 부호로 써 보세요.

짧은 신호 ●   긴 신호 ─

ㄱ	ㄴ	ㄷ	ㄹ	ㅁ	ㅂ	ㅅ	ㅇ	ㅈ
●─●●	●●─●	─●●●	●●●─	──	●──	──●	─●─	●──●

ㅊ	ㅋ	ㅌ	ㅍ	ㅎ	ㅏ	ㅑ	ㅓ	ㅕ
─●─●	─●●─	●●─	──●	●	●●		●	●●●

ㅗ	ㅛ	ㅜ	ㅠ	ㅡ	ㅣ	ㅐ	ㅔ
●─	●●●●	●●●●		●─●	●●─		

"좋아해." ➡ (   )

3 에니악이 자기소개를 하고 있어요. 다음 중 틀린 것은 무엇인가요?

① 안녕, 난 세계 최초의 컴퓨터인 에니악이야.
② 길이가 무려 3미터, 높이가 2.5미터이고 무게는 30톤이나 나가지.
③ 1초에 5천 번의 계산을 할 만큼 놀라운 계산 속도를 자랑한단다.
④ 처음에 내가 만들어졌을 때 값은 싸지만 너무 크고 무거워서 많은 사람들이 사용하지 못했대.

4 〈보기〉를 보고 통신 수단의 발명을 순서대로 써 보세요.

보기

| 컴퓨터 | 전신기 | 텔레비전 | 전화기 |

(   ) → (   ) → (   ) → (   )

5 온라인으로 다른 사람과 관계를 맺게 해 주는 서비스를 'SNS'라고 해요. SNS의 좋은 점과 나쁜 점은 무엇인지 생각해 보고, 아래 표에 정리해 보세요. 서술형문항대비 ✓

좋은 점	나쁜 점

4 따르릉 전화기, 어떻게 변해 왔을까?

1 다음 중 맞는 것에 ○, 틀린 것에 × 하세요.

① 요한 필립 라이스는 1861년 과학자 모임에서 자신이 만든 전화기를 선보였으나 장난감 취급을 받았다. (   )

② 하지만 곧 요한 필립 라이스의 전화기는 널리 퍼졌으며, 그는 전화기의 최초 발명자로 이름을 떨쳤다. (   )

③ 요한 필립 라이스의 고향 사람들은 그의 묘비에 〈전화기의 참된 발명자〉라는 비석을 세워 주었다. (   )

2 다음 신문 기사를 읽고, 빈칸에 공통으로 들어갈 인물을 쓰세요.

110여 년 만에 전화기 발명을 인정받다!

미국에서 활동한 이탈리아 출신 과학자 (   )는 1860년 전화기를 발명하였으나, 가난하여 특허를 내지 못했다. 그는 유니언 전신 회사에 가서 도움을 요청했지만 외면당하고, 결국 전화기 특허권을 받지 못한 채 세상을 떠났다. 그러나 2002년, 미국 의회에서 최초의 전화기를 발명한 사람이 (   )라는 사실을 인정하였다.

---

3 엘리샤 그레이는 알렉산더 그레이엄 벨보다 먼저 전화기를 만들었지만, 특허를 받지 못했어요. 그 이유는 무엇인가요? 말풍선 안에 알맞은 답을 써 보세요. 서술형문항대비 ✓

그레이 아저씨는 왜 특허를 받지 못했나요?

4 전화기 발명에 대한 이야기 중 틀리게 말한 사람을 고르세요.

① **신영** : 전화기가 처음 나왔을 때 전화기를 사용하려는 사람들이 별로 없었대.

② **채연** : 1876년 미국에서 열린 산업 박람회 때 엘리샤 그레이는 브라질 황제 페드루 2세에게 전화기를 소개했어.

③ **연아** : 전화기를 보고 감명받은 페드루 2세 덕분에 전화기는 인기를 끌게 되었지.

5 다음에서 설명하는 것을 〈보기〉에서 찾아 써넣으세요.

> 이 전화기는 버튼이 없다. 전화기 옆에 있는 손잡이를 돌리면 신호가 가고 교환원이 받는다.

보기

> 자석식 전화기   다이얼 전화기   무선 전화기   스마트폰

(   )

1 우정 박물관을 관람한 뒤 기억에 남는 전시품들에 대해 써 보았어요.
다음 중 설명이 틀린 것은 무엇인가요?

〈우정 박물관에서 기억에 남는 전시품들〉
① 문위 우표 : 1884년 우정총국이 세워진 것을 기념하여 만들어진 우리
  나라 최초의 우표
② 자동 파속기 : 우편물을 묶어 주는 기계
③ 우체국 간판 : 옛날 우체국 간판은 눈에 쉽게 띄도록 빨간색으로 했으
  나, 현재는 흰 바탕에 검은 글씨를 쓴 단순한 모양으로 바뀌었다.
④ 우체통 : 조선 후기에는 우체통을 나무로 만들고 빗장을 채워 사용했
  으나, 1970년에 우편물을 안전하게 보호할 수 있도록 우체통을 철로
  만들었다.

2 다음에서 설명하는 사람은 누구인가요?

- 우리나라 우정 발달에 도움을 준 사람이다.
- 미국에 건너가 우체국 등을 관람하면서 우리나라
  에도 새로운 우편 제도가 필요하다고 고종 임금에
  게 건의했다.

(   )

3 다음에서 설명하는 '이것'은 무엇인가요?

> • 이것은 우편 요금을 낸 표시로 우편물에 붙이는 증표이다.
> • 최근에는 취미나 기념으로 이것을 모으는 사람들이 많다.
> • 보통 나라에서 그 해에 특별한 행사나 축제가 있으면 그것을 기념하는 이것을 만든다.

(   )

4 우정 박물관에 다녀온 뒤, 체험 학습 보고서를 써 보세요.

날짜		이름		학년, 반	
장소	우정 박물관				
가는 방법					
체험 학습 내용	체험 학습 전 알았던 사실				
	체험 학습 뒤 알게 된 점				
느낀 점					
아쉬운 점					

클릭, 세상을 바꾸는 통신 정답

1 통신이야, 통신 수단이야?

1. ①-ⓒ ②-㉠
2. ① 보내는 사람
   ② 받는 사람
   ③ 전달하는 내용
3. 수신호
4. ① 문자 ② 그림

2 옛사람들은 어떻게 소식을 주고받았을까?

1. ①, ③. 낮에는 연기, 밤에는 횃불을 피워 소식을 전했다. 또 고려 시대에 봉수는 유용한 통신 수단으로 쓰였다.
2. ②
3. ①
4. 우정총국

3 통신, 세상을 이어 주다!

1. ①
2. •—•·• •—•• —•·•·• •—•• —•—•·•
3. ④. 에니악이 처음 만들어졌을 때 비싸고 크고 무거워서 일반 사람들은 사용하지 못했다.
4. 전신기 → 전화기 → 텔레비전 → 컴퓨터

5. 좋은 점 : 온라인에서 다른 사람과 의견이나 정보를 함께 나누기 때문에, 나와 취미나 관심이 같은 새로운 사람을 만날 수 있다.
   나쁜 점 : 잘못된 정보가 빠른 시간 내에 널리 퍼질 수 있고, 개인 정보가 쉽게 공개되어 나쁘게 쓰일 수 있다.

4 따르릉 전화기, 어떻게 변해 왔을까?

1. ① ○ ② × ③ ○
2. 안토니오 무치
3. 내가 알렉산더 그레이엄 벨보다 2시간 늦게 특허청에 찾아갔기 때문이야.
4. ②. 알렉산더 그레이엄 벨이 브라질 황제 페드루 2세에게 전화기를 소개했다.
5. 자석식 전화기

5 우편의 역사가 한눈에!

1. ③. 옛날 우체국 간판은 흰 바탕에 검은 글씨를 쓴 모양이었으나, 오늘날에는 눈에 쉽게 띄도록 빨간색으로 바뀌었다.
2. 홍영식
3. 우표

122

찾아보기